# MACH'S DIR NICHT SO SCHWER –
# GENIESSE DEIN LEBEN

Herzlichst
Rolf Merkle

*Savoir-vivre*

*Rolf Hasenclever*

# MACH'S DIR NICHT SO SCHWER – GENIESSE DEIN LEBEN

*Merkenswertes in Wort und Bild*

*AT Verlag*

Dieses Buch ist auf umweltschonendem,
chlorfrei gebleichtem
Papier gedruckt worden.


Redaktionelle Realisation:
Redaktionsbüro Ulrich Metzner, Grünwald
Gestaltung: Grafik Design Studio Wolfgang B. Eckl, Grünwald
Illustration Schutzumschlag: Sieglinde Layr
Lithographie und Druck:
Grafische Betriebe Aargauer Tagblatt AG, Aarau
Printed in Switzerland
ISBN 3-85502-356-5

# Inhalt

# Mach's dir nicht so schwer – Geniesse dein Leben

Genieße es jetzt, denn es ist schade um jede vergeudete Minute. Drum zaudere nicht, vergiß das ständige „Wenn" und „Aber" und suche die Freude.

Auch du kannst zu mehr Lebensglück und innerer Zufriedenheit finden.

Prüfe sorgfältig, bevor du dich entscheidest. Doch gilt es, vor lauter Grübeln das Handeln nicht zu vergessen, denn die Zeit läuft unaufhaltsam weiter.

Zögere nicht, das Werk froh zu beginnen. Bedenke: Was du freudig tust, gelingt dir besser. Nutze den Augenblick, doch nimm nicht alles so ernst – am wenigsten dich selbst.

Laß keine Gelegenheit aus, so recht von Herzen zu lachen, denn Lachen ist die beste Medizin.

Genieße dein Leben – mit all den Träumen, die dazugehören. So wird es dir leichter fallen, in einer nicht immer nur freundlichen Realität zu bestehen.

Träume und genieße Märchenhaftes: die ins Kunstwerk verwobenen Träume einer Frau, wie sie schöner und anmutiger nicht ins faszinierende Bild gerückt werden können. Erlebe die Werke der großartigen Aquarellistin Sieglinde Layr.

Diese begleiten meine geflügelten Worte, die unterhalten und erfreuen, ermuntern und anregen, nachdenklich stimmen und zum Schmunzeln bringen sollen.

Genieße dieses Buch – jetzt, hier und heute! Und wann immer dir danach zumute ist.

*Rolf Hasenclever*

*Nirwana*

# Der Umgang miteinander ist nicht immer so einfach

und komplikationslos, wie wir es uns wünschen. Dabei sind es überwiegend emotionale Gründe, die das Verständnis für die Denkens- und Verhaltensweise anderer erschweren.

Hinzu kommt die Angewohnheit, nahezu alles von unserem subjektiven Standpunkt aus zu beurteilen. So haben Menschen, die aussehen, denken und leben wie wir, große Chancen, von uns akzeptiert zu werden.

Allen anderen begegnen wir mit Zurückhaltung, Mißtrauen und bisweilen sogar deutlicher Ablehnung. Das gilt auch und besonders für diejenigen, denen wir uns unterlegen fühlen.

Wem es jedoch gelingt, zu einer objektiven Denkensweise zu finden, die es ermöglicht, die Welt mit den Augen der jeweils anderen zu sehen, dem kann man nur gratulieren.

Doch leider ist Psychologie für viele von uns immer noch so eine Art Geheimwissenschaft, mit der man nichts Rechtes anzufangen weiß. Oder man hält sie schlicht für Humbug.

Für Verwirrung sorgen auch Berichte über Psychologen, die beispielsweise bei der Berufswahl Ratsuchende mit geheimnisvollen Spielchen verwirren. Da müsse man zum Beispiel „Kleckse" und „Tupfer" ansehen und sagen, woran man dabei denkt. Solche und andere für den „normalen" Sterblichen undurchschaubare Kunststücke sowie bisweilen in Zeitschriften veröffentlichte „Testen-Sie-sich-selbst!"-Fragebogen haben zur Folge, daß mancher Unerfahrene dazu neigt, das ganze als „Unsinn" abzutun.

Die menschlichen Verhaltensformen, mit deren wissenschaftlichem Studium sich der Psychologe befaßt (siehe Hans Jürgen Eisenck „Wege und Abwege der Psychologie") sind mit komplizierten Darstellungen dem „Normalverbraucher" nicht nahezubringen. Man schreckt ihn damit nur ab.

Die Erkenntnis jedoch, daß man mit Liebenswürdigkeit und Höflichkeit eher Freunde gewinnt, bedarf keiner wissenschaftlichen Beweisführung.

*Triffst du auf einen Besserwisser,*
*dann gib ihm einfach recht. Nur so kannst*
*du das Gespräch schnell beenden.*

*Es ist leichter, anderen Ratschläge zu geben,*
*als sie selbst zu befolgen.*

*Was der eine für richtig hält,*
*hält der andere für falsch. Vieles ist eben*
*nur eine Frage des Standpunktes.*

*Ratschläge sollte man zuerst an sich selbst*
*ausprobieren, ehe man sie anderen gibt.*

Wer aus den Fehlern anderer lernt,
kann eigene vermeiden.

Eine Sache wird erst gut oder schlecht
durch die Einstellung dessen,
der sie beurteilt.

Wir Menschen leiden daran,
eigene Fähigkeiten vielfach zu überschätzen
und anderen wenig zuzutrauen.

Ein freundliches Gesicht und ein
kleines Lächeln sind die einfachsten Formen
der Höflichkeit.

*Schule der Vergeblichkeit*

*Der Mensch ist wichtiger als die Maschine.*

*Am Steuer zeigt sich der Charakter*
*eines Menschen: Je reifer er ist,*
*desto rücksichtsvoller fährt er.*

*Was nützt es dir zu trinken,*
*um zu vergessen? Ist der Rausch erst*
*verflogen, sind alle Sorgen wieder da.*

*Mancher Kranke würde schneller gesunden,*
*würde man nicht nur seinen Körper,*
*sondern auch seine Seele pflegen.*

*Viele von uns verwechseln den lieben Gott*
*mit einem Notarzt.*

*Renne nicht mit dem Kopf gegen die Wand,*
*denn sie ist meistens härter.*

*Denke nach, bevor du sprichst,*
*und überlege, bevor du handelst.*
*Es ist leichter, ein Glas zu zerbrechen,*
*als seine Scherben zu kitten.*

*Gib jedem den Hut, der ihm paßt,*
*und er wird ihn gerne tragen.*

*Violinenspieler*

# Der zentrale Punkt in deinem Leben,

gleich was und an wen du glaubst, bist du selbst.

Nur du erlebst deine Freude, spürst deine Schmerzen, fühlst deine Sehnsucht nach Glück und Liebe.

Doch nichts kommt einfach so – alles hat seinen ganz bestimmten Grund, seine Ursache. Drum warte nicht tatenlos auf die gute Fee, sondern nimm dein Schicksal in deine eigenen Hände. Sei Optimist und bedenke, daß Hartnäckigkeit eher zum Ziel führt als Unentschlossenheit.

*Nicht das, was du dir vornimmst, zählt,*
*sondern nur das, was du tust.*

*Prüfe dein Vorhaben, bevor du handelst.*

*Worte allein bewirken nichts.*
*Erst die Tat gibt ihnen Bedeutung.*

*Erfolg wird haben,*
*wer mehr als andere richtig macht.*

*Was nützt der schönste Verbesserungsvorschlag,*
*wenn sich keiner findet, der ihn ausführt?*

*Du hast Freunde und Feinde.*
*Sei wachsam: Immer sind es die Freunde,*
*die dich enttäuschen!*

*Aufrichtige Feinde sind mir lieber*
*als unaufrichtige Freunde.*

*Viele Menschen sind erst dann zufrieden,*
*wenn sie etwas finden,*
*mit dem sie unzufrieden sein können.*

*Es sind die Kennzeichen der Erfolglosen,*
*Übermut mit Mut, Vorsicht mit Angst*
*und Umsatz mit Gewinn zu verwechseln.*

*Mancher muß erst sehr tief fallen,*
*um das Klettern zu lernen!*

*Wer die Wahrheit verschweigt*
*ist nicht besser als ein Lügner!*

*Nur wer versteht, daß jeder von jedem*
*lernen kann, wird lernen,*
*den anderen zu verstehen.*

*Es läßt sich viel mehr ändern,*
*als man glaubt.*

*Das Paar auf der Straße*

# Wir alle möchten glücklich sein.

Wer aber zeigt uns, wie wir das anfangen sollen? Die Eltern? Die Lehrer? Die Schul- oder Arbeitskollegen?

Im Elternhaus müssen wir Befehle ausführen und mit Verboten leben. Oder – und das ist genauso gefährlich – man erfüllt uns jeden Wunsch, hat aber ansonsten keine Zeit für uns.

Fragen werden nicht oder nur unzureichend beantwortet, unsere Sehnsucht, den Sinn des Lebens zu erkennen, wird als Jugendträumerei verkannt, und man wartet darauf, daß wir „schon von selbst vernünftig werden".

Auch in der Schule lernen wir alles Mögliche und Unmögliche. Einiges davon erscheint uns mehr, anderes weniger sinnvoll. Über uns selbst, warum wir so sind, wie wir sind und über den Umgang mit anderen und mit uns selbst erfahren wir so gut wie gar nichts.

Toleranz, Verständnis und vieles mehr sind und bleiben für uns Fremdwörter.

Im Berufsleben setzt dann der Konkurrenzkampf ein. Nach der Lehre oder dem Studium geht es um einen Arbeitsplatz, der sicher ist, möglichst viel Geld und Anerkennung bringt und der uns auch Freude und Befriedigung bereiten soll. Dann ist es oft vorbei mit der „Nachbarschaftshilfe", denn nun denkt fast jeder nur noch an sich selbst.

Auch wenn viele Firmen aufstrebenden Mitarbeitern die Möglichkeit zur Weiterbildung bieten, beispielsweise durch Seminare, so bleibt doch der weitaus größere Teil der Bevölkerung psychologisch „unbeleckt".

Drum ist es jedem von uns überlassen, den Weg zu Glück und Erfolg selbst zu suchen.

Der Selbstzufriedene wird es schwer haben, wer aber selbstkritisch ist und ehrlich zu sich selbst, der hat reelle Chancen.

Und wißbegierig mußt du sein!
Dabei ist die Frage nach dem „Warum" schon der halbe Erfolg.

*Die meisten von uns sehen mehr auf andere als in den Spiegel.*

*Wir Menschen neigen am ehesten zur Zustimmung, wenn wir uns selbst bestätigt fühlen.*

*Statt einen anderen zu beneiden, solltest du an dir arbeiten, bis du besser bist als er.*

*Mach eines richtig, statt vieles falsch.*

*Neugier ist eine wichtige Voraussetzung für den Erfolg.*

*Niemand kann alles können.*
*Die Kunst aber ist, seine Schwächen*
*zu schützen und seine Stärken zu nützen.*

*Hätte jeder den Beruf, für den er sich*
*am besten eignet,*
*gäbe es mehr glückliche Menschen.*

*Es gibt für den Erfolg kein Patentrezept,*
*das jedermann*
*gleichermaßen anwenden könnte.*

*Alles was wir tun, muß einen Sinn haben.*
*Drum denke, bevor du handelst.*

*Verliebt*

# Willst du die Sympathien eines anderen erwerben,

dann stelle nicht dich, sondern ihn in den Mittelpunkt des Geschehens. Du weißt doch: Jeder Mensch ist zuerst an sich selbst, seinen Sorgen und Nöten interessiert und natürlich auch am eigenen Erfolg, Glück und Wohlbefinden.

So kannst du ihn mit langen Erzählungen über Begebenheiten aus deinem Leben, die für dich wichtig und interessant sind, oftmals nur langweilen.

Bittest du ihn aber, über sich selbst zu berichten, seine Jugend, seine Reisen, Hobbies und Erfolge, so wirst du einen Freund gewinnen.

Von Abraham Lincoln, weiland Präsident der Vereinigten Staaten, wird berichtet, daß er einen Gast zu sich bat und ihm bei Whiskey am Kamin mehrere Stunden sein Herz ausschüttete, ohne von diesem unterbrochen zu werden.

Nach Mitternacht verabschiedete ihn Lincoln mit den Worten, er habe sich lange nicht mehr so angeregt „unterhalten". Der Gast hatte in ihm einen Freund fürs Leben gefunden.

*Wir sind ständig bemüht,
anderen Menschen zu imponieren.
Wem eigene Verdienste fehlen, der schmückt
sich mit der Bekanntschaft Prominenter
oder erzählt von seinen Krankheiten.*

*Zurückhaltung überzeugt mehr als
großspuriges Auftreten.*

*Jeder Mensch interessiert sich zuerst
für sich selbst.*

*Mit ungebetenen Ratschlägen gewinnt man
ebensowenig Freunde wie mit dem Ersuchen,
ein ausgeliehenes Buch zurückzugeben.*

*Mancher, der sagt, er habe keine Zeit,*
*hat in Wahrheit keine Lust.*

*Wer von einem anderen etwas will,*
*darf den Weg zu ihm nicht scheuen.*

*Seinen Standpunkt hartnäckig*
*zu verteidigen, ist oft weniger ein Zeichen*
*von Klugheit als von Sturheit.*

*Mit keinem kann man*
*so gut über Krankheiten sprechen*
*wie mit einem Kranken.*

*Hochzeitsreise*

*Der Erfolgreiche kommt lieber eine Stunde zu früh als eine Minute zu spät.*

*Wer sich nicht beachtet fühlt, verkümmert.*

*Wem stets die Sonne schien, der wird die Kälte doppelt spüren.*

*Anerkennung schafft Freunde.*

*Wer sich wie ein König kleidet, sollte sich auch wie ein König benehmen.*

*Schau dem, der schenkt, in die Augen.*

*Der Juwelier lebt von der Eitelkeit der Frau*
*und vom schlechten Gewissen des Mannes.*

*Sauberkeit ist keine Frage des Geldbeutels.*

*Es ist leicht zu folgen,*
*doch schwer, voranzugehen!*

*Willst du die Leute von etwas überzeugen,*
*brauchst du es nur*
*laut genug zu dementieren.*

Seiltanz

# Als ich noch ein kleiner Junge war,

träumte ich von einem Zauberstab, um mir damit meine kindlichen Wünsche zu erfüllen. Besonders reizvoll war der Gedanke, mich unsichtbar machen zu können, welcher sich, als ich in der Schule die ersten Arbeiten schreiben mußte, noch verstärkte.

Na ja – mittlerweile sind wir alle größer, älter und weiser geworden und haben uns damit abfinden müssen, daß sich Märchen nur höchst selten erfüllen. Also machten wir „das Beste“ aus unserem Leben.

Mit mehr oder weniger Erfolg allerdings, und das hat viele Gründe, die je nach der Persönlichkeit des einzelnen recht verschieden sind. So gibt es Zeitgenossen, die, obwohl mit ihrem Leben unzufrieden, sehr genau wissen, was sie nicht wollen, auf die Frage nach ihren konkreten Vorstellungen jedoch die Antwort schuldig bleiben. Und andere wiederum, denen ihr Ziel klar vor Augen steht, die aber keinen blassen Schimmer haben, wie sie es erreichen sollen.

Fest steht, daß es kein Patentrezept gibt, welches uns todsicher den gewünschten Erfolg beschert, wohl aber eines, das ihn ebenso sicher verhindert: die Resignation!

„Nicht wissen“ ist ja nicht gleichzusetzen mit „nicht können“. Auch ich weiß so vieles nicht, aber ich habe Bücher, in denen ich nachschlagen kann, und ich kenne Menschen, die mir Antwort geben. Angst zu fragen kommt der Resignation gleich.

Immer wieder höre ich, daß man sich geniert zu fragen, weil man fürchtet, für dumm gehalten zu werden. Aber laß „die anderen“ doch denken, was sie wollen. Wer fragt, will lernen, und wer lernen will, ist klug. Und jeder gibt ja auch gerne Auskunft. Das zeigt sich schon, wenn ein Auto am Straßenrand hält und der Fahrer nach dem Weg fragt. Sofort bleiben mehrere Personen stehen und überbieten sich in Ratschlägen.

Also frage, wenn du etwas nicht weißt, denn es ist einfacher, von den Erfahrungen anderer zu profitieren, als alle Fehler erst selbst zu machen.

*Das Gerede von Chancengleichheit ist wirklichkeitsfremd. Da wir Menschen nicht gleich sind, haben wir auch nicht gleiche Chancen. Der Kluge hat mehr als der Dumme, der Fleißige mehr als der Faule.*

*Im Wettkampf kann einer nur gewinnen, wenn ein anderer verliert.*

*Wer Beine hat und nicht läuft, wird nie sein Ziel erreichen.*

*Wer zu früh aufgibt, verschenkt den Erfolg. Der Kluge versucht es immer wieder.*

*Sonderbares Fest*

*Der Dumme klagt, er sei zu klein,*
*der Kluge nimmt die Leiter.*

*Wer sicher gehen will, der sollte fragen:*
*„Glaubst du das – oder weißt du das?"*

*Was andere denken,*
*sollte dir ausschließlich dazu dienen,*
*eine eigene Meinung zu bilden.*

*Besser mühelos den richtigen*
*Hügel erklimmen, als mit aller Kraft*
*den falschen Berg.*

*Kinder, die noch nicht sprechen können, schreien. Erwachsene aber können sprechen. Warum schreien sie nur so oft, statt zu sprechen?*

*Eine Krone macht aus einem Menschen einen König. Ein gutes Herz aber macht aus einem König einen Menschen.*

*Gleich wer du bist - vergiß nie,*
*wer du warst.*

*Man sollte von anderen nicht mehr erwarten, als man selbst bereit ist zu geben.*

*Angst ist lebenswichtig,*
*denn sie mahnt zur Vorsicht;*
*Vorsicht aber ist ein Zeichen von Klugheit.*

*Wer der Welt wundersamstes Geschöpf*
*sehen will - der schaue in den Spiegel.*

*Wer sich nicht raten lassen will,*
*braucht Rat am ehesten.*

*Fähigkeiten ohne Bedarf sind wertlos.*
*Was will ein Geiger im Kuhstall und ein*
*Melker im Orchester? Jeder an seinem Platz*
*aber kann ein Meister sein.*

*Narrenschiffe*

# Wenn man weiss wie's geht,

ist alles einfacher. Aber das ist leicht gesagt. Die Entscheidung nimmt dir keiner ab.

Am besten, du richtest dich nach dem Sprichwort „Probieren geht über studieren“. Doch denke gründlich nach, bevor du dich entscheidest.

Und zögere nicht zu lange, denn 95 % sofort sind immer besser, als 100 % „vielleicht“ später.

*Gute Vorbereitung ist schon*
*der halbe Erfolg.*

*Der Unentschlossene kommt stets zu spät.*

*Wer sagt: „WIR müssen etwas unternehmen“,*
*der sollte gleich damit anfangen.*

*Der gerade Weg ist der kürzeste,*
*doch führen Umwege oft schneller zum Ziel.*

*Wer erkennt, daß er etwas nicht weiß,*
*der weiß schon viel.*

*Die Umstände richten sich*
*nicht nach uns; wir müssen uns*
*nach den Umständen richten.*

*Wer den Blick nur in die Ferne richtet,*
*übersieht leicht die Blumen,*
*die zu seinen Füßen wachsen.*

*Je tiefer du gräbst, desto mehr Steine*
*wirst du finden.*

*Die Zeit ist unser wertvollstes Gut.*
*Einmal verschwendet, kommt sie nie zurück.*
*Drum gehe sorgsam mit ihr um.*

*Sperrstund*

*Beim Aufstieg sollte man sich die Stufen genau ansehen, damit man beim Abstieg nicht darüber stolpert.*

*Jeder andere kann irgend etwas besser als man selbst.*

*Lernen wird nur, wer sein Denken und Handeln immer wieder in Frage stellt.*

*Willst du wissen, was sich unter der Erdoberfläche befindet, so darfst du den Schweiß und die Mühen nicht scheuen, ein Loch zu graben.*

*Je höher du steigst,*
*desto weniger werden dich begleiten.*

*Außer der Geburt und dem Tod ist nichts*
*im Leben selbstverständlich.*

*Die Verantwortung vor der Partei veranlaßt*
*manchen Politiker zur Verantwortungs-*
*losigkeit dem Wähler gegenüber.*

*Solange des Berges Gipfel noch vor dir liegt,*
*drängt es dich, ihn zu erreichen.*
*Doch bedenke: Hast du ihn überschritten,*
*geht es nur noch bergab.*

*Korn*

# Es liegt wohl in der Natur des Menschen,

sich das Leben immer wieder selbst unnötig schwerzumachen.
Und da es bekanntlich einfacher ist, den Splitter im Auge des anderen zu finden als den Balken im eigenen, hat das oft gedankenlos dahingesagte Sprichwort „Selbsterkenntnis ist der erste Weg zur Besserung" wohl eher unterhaltenden Wert.

So suchen wir den Grund für Fehlleistungen stets bei den anderen, werten deren Erfolge als „Glück" ab und entschuldigen eigenes Versagen als „Pech". Viele haben auch ständig irgendwelche „Probleme", mit denen sie nicht fertig werden.

Würden sie diese einmal nüchtern und sachlich analysieren, ergäben sich vermutlich auch schnell Lösungen, denn die meisten dieser Situationen werden erst durch unsere Emotionen scheinbar kompliziert. Was uns im Wege steht, sind Unerfahrenheit, Angst, Unsicherheit, Hemmungen und Rücksicht auf die Meinung anderer. Auch fehlt uns positives Denken sowie Kraft und Entschlossenheit, den Dingen zu Leibe zu rücken.

Wer sich am Sonnenschein nicht erfreuen kann, weil er sich vor dem nächsten Regen fürchtet, weckt Erinnerungen an Till Eulenspiegel.

Nehmen wir uns mehr Zeit für das, was uns Spaß macht:
Für einen Plausch auf dem Markt, für den Kauf eines völlig unnötigen Gegenstandes, für irgend etwas total Verrücktes, wovon wir immer schon geträumt haben.

Und wem da gar nichts einfällt, der sollte, sozusagen als Krönung eines leckeren Gerichtes, zu Hause einmal auf den Gourmetlöffel oder ein Stippebrot verzichten und quietschvergnügt den Teller ablecken, was uns im Elternhaus vermutlich eine Backpfeife eingebracht hätte! Die liebende Gattin wird das, wenn es nicht zur Gewohnheit wird, vermutlich als besonderes Kompliment auffassen.
Und – Hand aufs Herz – macht nicht schon der Gedanke Spaß? –
Na also!

*Fragen sind besser als Behauptungen.*

*Der Spiegel ist eine der größten Erfindungen der Menschheit. Ist er doch die einzige Möglichkeit, sich selber ins Gesicht zu sehen.*

*Willst du wissen, was Glück oder Pech ist,*
*dann setz' dich unter einen Apfelbaum.*
*Hast du Glück, fällt dir ein Apfel in den Schoß,*
*hast du Pech, fällt er dir auf den Kopf.*

*Die ständige Rücksicht*
*auf die Meinung anderer kann uns schon*
*manchen Spaß verderben.*

*„Pech" ist die leichteste Entschuldigung für eigenes Versagen.*

*Die Zeit arbeitet für den Geduldigen.*

*Ein weniger hohes Ziel erreichst du leichter.*

*„Gut" und „schlecht" ist oft gleichzusetzen mit „geeignet" und „ungeeignet".*

*Hemmungen sind unnütz und machen uns das Leben schwer. Man weiß es, doch die meisten können nichts dagegen tun.*

*Le carneval*

*Im Leben reiht sich Augenblick an Augenblick. Genieße jeden!*

*Es ist leichter, anderen eine Forderung zu stellen, als sie selbst zu erfüllen.*

*Worte allein nützen nichts, wenn keine Taten folgen.*

*Nur wenn ich lerne, wie du zu denken, werde ich deine Handlungen begreifen*

*Der Kluge lernt aus seinen Mißerfolgen.*

Erst wer verzeihen kann, ist wahrhaft gut.

Mancher würde kündigen, müßte er sich
bei der Arbeit nur halb soviel anstrengen
wie auf dem Sportplatz.

Lieber 95% sofort als 100% vielleicht später.

Mancher, der eine Lawine auslöst,
wird von ihr mitgerissen.

Ein freundlicher Arbeiter ist mir lieber
als ein grimmiger Direktor.

Carmen

# Intelligenz, Klugheit, Zuverlässigkeit,

Hartnäckigkeit, Fleiß und Zielstrebigkeit sind einige der wichtigsten Eigenschaften, die allen erfolgreichen Managern der Welt zu eigen sind.

Und was den Großen recht ist, kann auch den Kleinen nur billig sein.

Nun wurde in den Vereinigten Staaten durch Studien ermittelt, welche der vorgenannten Eigenschaften wohl an erster Stelle steht: Es ist die Hartnäckigkeit.

Drum – willst du im Leben erfolgreich sein – gib niemals auf!

*Der Intelligente denkt sich was aus –*
*der Kluge macht was daraus.*

*Die Qualifikation eines Pädagogen zeichnet*
*sich weniger durch sein Fachwissen aus,*
*als durch die Fähigkeit, dieses verständlich*
*und glaubhaft vermitteln zu können.*

*Die Tatsache, eine eigene Meinung*
*zu haben, schließt leider nicht aus,*
*daß diese falsch sein kann.*

*Hartnäckigkeit und Beharrlichkeit*
*sind genauso wichtig wie Intelligenz.*

W

*Was nützt dir ein Kapitänspatent,*
*wenn deine Zelte in der Wüste stehen?*

*Wer die Tür nicht öffnen kann,*
*der sollte einen anderen Schlüssel probieren,*
*statt auf das Schloß zu schimpfen.*

*Ungeduld ist der Feind der Weisheit.*

*Wer kurze Beine hat,*
*taugt nicht zum Hochsprung.*

*Hohle Fässer dröhnen laut.*

*Vor der Bar*

*Es gibt keine dummen Fragen,
sondern nur Dumme, die sie stellen.*

*Enttäuschung ist die Folge
einer Fehlerwartung.*

*Wer viel tut, kann viele Fehler machen;
wer wenig tut, kann nur wenige
Fehler machen; wer nichts tut, kann auch
keine Fehler machen, doch der wird
am ehesten anderen ihre Fehler vorhalten.*

*Um einen Fehltritt zu tun,
genügt oft schon ein einziger Schritt.*

*Ständiger Streß ist vielfach ein Zeichen schlechter Planung.*

*Vielen ist das Richtige zu einfach.*

*Emotionen sind schlechte Ratgeber.*

*Es gibt viele Fehler, die du machen kannst - doch mache jeden Fehler nur einmal.*

*Ist es nicht seltsam, daß die Dummen*
*so selbstsicher sind*
*und die Klugen stets voller Zweifel?*

*Mann mit Schirm*

## MISSVERSTÄNDNISSE BEREITEN SCHWIERIGKEITEN,

verursachen Ärger und haben schon aus mancher Freundschaft völlig unnötigerweise grimmige Feindschaft gemacht. Wie aber kann es geschehen, daß einer „rot“ sagt – und der andere „schwarz“ versteht? Bei beidseitig selbstkritischer Betrachtung würde herauskommen, daß sich der eine versprochen oder der andere verhört hat. Für viele ein Grund, sich gegenseitig zu beschimpfen, da in überheblicher Selbsteinschätzung für beide feststeht, daß Fehler stets nur andere machen, obwohl sich das Mißverständnis leicht auflösen ließe.

Für gewitzte Taktiker ist die Berufung auf Mißverständnisse nicht nur in der Politik vielgeübte Praxis, eventuellen üblen Folgen absichtlich oder unabsichtlich betretener Fettnäpfe möglichst unbeschadet zu entgehen.

Nun ist Zuhören auch eine Kunst, die man lernen muß wie das kleine Einmaleins.

So hören wir nur mit halbem Ohr zu und warten ungeduldig darauf, daß der andere mal Luft holt, um dann hochbefriedigt selbst wieder das Wort zu ergreifen.

Zum richtigen Zuhören gehört auch die Bereitschaft, auf den Partner einzugehen, sich in seine Gedankenwelt und die geschilderte Situation zu versetzen und der Versuch, die Dinge objektiv zu sehen. Das heißt aus der Sicht des anderen.

Wer das Gehörte verstehen und die Essenz daraus behalten will, sollte weder sein Gehirn überstrapazieren noch seine Merkfähigkeit überschätzen. So gehören zu wichtigen Gesprächen grundsätzlich Papier und Bleistift, selbst wenn man ein gutes Gedächtnis hat.

Was man aufschreibt, muß man nicht im Kopf behalten und kann sich dem nächsten Thema mit hundertprozentiger Gedankenkraft widmen.

Zu Mißverständnissen kann es allerdings auch kommen, wenn einer sich unter dem Gehörten etwas anderes vorstellt, als gemeint war, wie folgendes Beispiel zeigt:

Wir machen einen Spaziergang. Links liegt in einem Garten

das Haus von Doris und Frank. Im gleichen Augenblick fährt ein Auto an uns vorbei. Darin sitzen Martina und Wolfgang, die uns zuwinken.

Nach einer Weile folgendes Zwiegespräch: „Wie lange sind die beiden eigentlich verheiratet?“

„Das solltest du doch wissen. Schließlich warst du doch mal mit ihr befreundet.“

„Du weißt, daß ich das nie war!“

„Warum streitest du das ab? Du läufst doch jeder Blonden nach!“

„Seit wann ist Doris blond?“

„Wieso Doris? – Ich spreche von Martina.“

Dieses simple Beispiel macht deutlich, daß es im Alltag anzuraten ist, die Möglichkeit von Mißverständnissen stets einzukalkulieren. So sollte man sich um klare Aussagen bemühen und durch anschließende Fragen den Partner veranlassen zu sagen, was er darunter verstanden hat.

Ich geniere mich auch nicht, jederzeit um Erläuterung zu bitten, wenn ich etwas nicht begriffen habe. So konnte schon manches Mißverständnis vermieden werden.

*Behauptungen sind keine Beweise, auch nicht, wenn sie lautstark wiederholt werden.*

*Aufmerksam zuhören können,
ohne den anderen zu unterbrechen,
ist eine seltene Tugend.*

*Es ist klüger, auf den anderen einzugehen,
statt auf ihn einzureden.*

*Schwierigkeiten, die sich sachlich
einfach beseitigen ließen, werden durch
unsere Emotionen oft zu scheinbar
unlösbaren Problemen.*

Feierliches Beisammensein

*Sich „unterhalten" heißt zu schweigen,
wenn andere reden –
und zu reden, wenn andere schweigen.*

*Nur wer die Sprache des anderen spricht,
kann gewiß sein,
von diesem verstanden zu werden.*

*Seinen Standpunkt hartnäckig
zu verteidigen, ist oft weniger ein Zeichen
von Klugheit als von Sturheit.*

*Aufmerksam zuhören ist eine Kunst.
Erlerne sie, und du wirst die Herzen
deiner Mitmenschen gewinnen.*

*Zuhören heißt dazulernen.*

*Nur wer seine Fehler erkennt,
kann sie sich abgewöhnen.*

*Eine Anweisung, deren Sinn man nicht
versteht, wird auch nur halbherzig befolgt.*

*Für manchen ist es schwieriger den Mund
zu halten, als Juckreiz zu ertragen.*

*Je besser die Argumente,
desto leiser die Stimme.*

SPRING

*Mann mit Blume*

# Zu Recht sagt man,

unser Leben sei mit guten Vorsätzen gepflastert. So nimmt man sich immer wieder mehr vor, als man später ausführt, und um Ausreden sind wir dann auch nicht verlegen.

Schiebst du jedoch ständig etwas vor dir her, setzt du dich leicht dem Vorwurf aus, du würdest es „ja doch zu nichts bringen".

Dem kannst du entgehen, wenn du dich auf eine Sache konzentrierst und die dann auch konsequent durchführst.

Der Erfolg wird dein Selbstbewußtsein enorm stärken.

*Erfolgreiche Menschen sind fleißig,*
*obwohl nicht alle fleißigen Menschen*
*erfolgreich sind.*

*Halbe Wahrheiten sind auch halbe Lügen.*

*Es ist durchaus legitim,*
*erfolgreicher als andere sein zu wollen.*

*Auch wer etwas unterläßt,*
*kann sich damit schuldig machen.*

*Wer bereit ist, ständig dazuzulernen,*
*dessen Geist wird ewig jung bleiben.*

Wenn Kunst von „Können“ kommt,
ist mancher Handwerker ein Künstler.

Wahre Größe braucht keinen Purpur.

Eine glänzende Verpackung
ersetzt nicht den matten Inhalt.

Nur der wird glücklich sein,
der nicht mehr verlangt, als erreichbar ist.

Halte Abstand - und du behältst
die Übersicht.

*Schampus*

*Jeder Mensch hat gute und schlechte Tage. Triff wichtige Entscheidungen möglichst an den guten.*

*Früher war Kunst das, was andere nicht können. Heute ist Kunst das, was andere nicht verstehen können.*

*Ob es der Anfang oder das Ende eines Weges ist, kommt darauf an, auf welcher Seite du stehst.*

*Wer es allen recht machen will, macht es keinem recht.*

*Die kleinste Handlung ist besser als die größte Rede.*

*Arbeit ehrt - auch wenn sie mit Schmutz verbunden ist.*

*Säen will keiner - aber ernten wollen sie alle.*

*Selbsttäuschung führt zum Mißerfolg.*

*Der Schwierigkeit des Berufes entschuldigt nicht die Unfähigkeit des Ausübenden.*

Der Wald

# Wir haben Sehnsüchte, Wünsche und Träume,

doch spielt das Leben oft eine andere Melodie. So müssen wir lernen, unsere Ansprüche den Gegebenheiten anzupassen, was uns, zugegeben, nicht immer leichtfällt.

Doch könnten wir viel glücklicher sein, ständen wir uns als gestreßte Vertreter der „High-Tech-Generation“ nicht immer wieder selbst im Wege.

Was wären wir ohne unsere Computer, deren Sklaven wir längst sind, ohne unsere Politiker, die uns nerven, ohne unsere Funkuhr, die uns auch noch in 500 Jahren präzise zu zeigen verspricht, was die Glocke geschlagen hat? Was ohne Autos, Flugzeug, Radio und Fernsehen?

In der Tat könnte das Leben sehr viel schöner sein, würden wir uns aus unserer Lethargie befreien können. Leben heißt nicht, gelebt zu werden, sondern aktiv und bewußt mitzugestalten.

Vieles, was wir für logisch halten, hat psychologische Ursachen. Nicht der Verstand, sondern die Gefühle bestimmen überwiegend unsere Handlungen. Mit Kritiken an anderen sind wir schnell zur Hand, während Selbstkritik für viele ein Fremdwort ist.

Erfolgverhindernd sind eine ganze Anzahl negativer Eigenschaften, die uns als solche gar nicht bewußt sind, obwohl sie uns ständig das Leben schwermachen. Hemmungen beispielsweise lassen uns erst dann verlegen zum Buffet schleichen, wenn die Unverkrampften schon dreimal da waren und die leckersten Sachen weggeputzt haben. So muß man essen, was übrigbleibt.

Auch mimosenhafte Empfindlichkeit schreckt ab. Wer möchte schon jedes Wort ständig auf die Goldwaage legen? So geht man diesen Leuten lieber aus dem Weg.

Eine ebenso üble wie weitverbreitete Krankheit ist es, ständig andere für selbstverschuldete Fehler haftbar zu machen. Und wer nicht zuhören kann und ständig große Reden führt, ist als Gast nicht gern gesehen.

So bringen wir uns selbst um manchen Genuß – und das ist jammerschade.

Ich meine, daß es sich lohnt, bewußter zu leben, denn jeder ist, so sagt schon der Volksmund, seines Glückes Schmied.

*Wer geduldig zuhören kann wird feststellen,
daß mancher Satz nicht so endet,
wie man es anfangs erwartet hat.*

*Einem Menschen mit Hemmungen geht es wie
einem Luftballon: Er staut alles in sich auf.
Wird der Druck zu groß, platzt er.*

*Überall in der Welt gibt es Menschen,
die für sich in Anspruch nehmen
zu entscheiden, was gut und was schlecht ist.*

*Die Unzufriedenheit mit sich selbst
ist für viele ein Grund, anderen
ihre Zufriedenheit zu mißgönnen.*

W

*Wer nicht im Bilde ist, kann leicht*
*zu falschen Schlüssen kommen.*

*So viele Möglichkeiten es gibt,*
*so viele Meinungen gibt es auch.*

*Wer den richtigen Zeitpunkt versäumt,*
*verpaßt den Erfolg.*

*Im Schimpfen sind wir uns stets einig.*

*Wer sein Ziel nicht kennt,*
*kann es auch nicht erreichen.*

*La provocation*

*Des anderen Rede zu unterbrechen,*
*ist nicht nur ein Zeichen von Ungeduld,*
*sondern auch von Unhöflichkeit.*

*Es ist leichter zu schweigen,*
*wenn alle schreien, als zu schreien,*
*wenn alle schweigen.*

*Wer über einen anderen Schlechtes spricht,*
*findet immer Zuhörer.*

*Es ist zwar geschickt, auf eine Frage*
*mit einer Gegenfrage zu antworten,*
*aber nicht höflich.*

*Loben sollst du sofort - das Schimpfen verschiebe auf morgen.*

*Wer will, daß man gut von ihm denkt, sollte nicht schlecht über andere sprechen.*

*Unter Schwarzen ist der Weiße der Exote.*

*Wer anderen eine kurze Frage stellt, muß oft mit einer langen Antwort rechnen.*

*Eine flammende Rede kann begeistern, doch sie allein macht nicht satt.*

*Der Markt*

# Ich bin nun mal kein Zahlenmensch

und Mathematik war schon in der Schule meine schwache Seite.

Vermutlich weil sie so kompromißlos war und mich in keiner Weise erheitern konnte.

Inzwischen ist vieles Routine geworden, doch der Wunsch nach Frohsinn und Freude besteht nach wie vor.

Ich bin stets zum Scherzen aufgelegt, was sich auch im geschäftlichen Alltag als immer wieder hilfreich erweist, zumal ich mich auch selbst nicht so ernst nehme.

Fröhlichkeit erfrischt, steckt an, glättet die Falten auf der Stirn und hilft, manch scheinbar festgefahrene Situation zu entkrampfen.

Also lach' die anderen an, und auch sie werden lächeln.

Versuch es doch gleich mal!

*Glücklichsein ist keine Frage des Zufalls,*
*sondern der inneren Einstellung.*

*Humor ist die Grundlage*
*eines gesunden Lebens.*

*Wer alles zu genau nimmt,*
*bringt sich um manche Freude.*

*Man kann auch lächelnd ernsthaft sein.*

*Wer freudig schafft, schafft doppelt gut.*

*Lieber eine Diskussion verlieren*
*und einen Freund gewinnen.*

*Freude ist so wichtig wie das tägliche Brot.*

*Du kannst ein Problem nur dann lösen,*
*wenn du seine Ursachen erkennst.*

*Lachend und froh gestimmt*
*lernt man leichter.*

*Auch der Intelligente lernt nur,*
*wenn er will.*

Der Tourist

# Das Leben könnte sehr viel schöner sein,

wenn wir etwas freundlicher miteinander umgehen, uns öfter „zusammen-“ statt wegen jeder Kleinigkeit „auseinandersetzen“ würden und dabei wieder vermehrt den leisen Tönen den Vorzug gäben.

... wenn wir der Person des anderen mehr Aufmerksamkeit schenken und ihm mit mehr Respekt und Höflichkeit begegnen würden.

... wenn wir endlich begriffen, daß jeder das Recht auf eigene Meinung und Lebensform hat, sofern sich diese mit dem Gesetz vereinbaren lassen und Dritten keinen Schaden zufügen.

... wenn wir verstehen würden, daß den Kriegen überall in der Welt in erster Linie Überheblichkeit, Intoleranz, Fanatismus, Egoismus und Menschenverachtung zugrunde liegen.

... wenn die Starken sich nicht immer nur an den Schwachen vergreifen würden, wie das ja schon in der Schule ständig praktiziert wird, denn Machtmißbrauch kommt einem Verbrechen gleich.

... wenn wir nicht stets nur auf unsere Rechte pochen, sondern uns auch auf unsere Pflichten besinnen würden.

... wenn jeder, der nach Freiheit ruft, auch akzeptierte, daß diese spätestens vor der Haustür des anderen endet.

... wenn wir uns doch wieder mehr auf die guten Sitten besinnen würden und Fairneß, Kollegialität und Hilfsbereitschaft nicht nur den Sportlern überließen.

... wenn wir der Bildung unserer eigenen Persönlichkeit wieder mehr Beachtung schenken und einsehen würden, daß man auch heute noch mit Liebenswürdigkeit, Zurückhaltung und guten Benehmensformen die größeren Chancen hat.

Und wenn wir uns vor der Verurteilung anderer immer erst an die eigene Nase fassen würden.

*Wer beliebt sein will,*
*muß auch den Menschen Liebe schenken.*

*Es ist leicht, einen Schwächeren zu schlagen.*

*Mancher Tierfreund ist leider*
*kein Menschenfreund.*

*Nur wer mit sich selber Frieden schließt,*
*kann auch mit anderen in Frieden leben.*

*An jedem Menschen gibt es sympathische*
*Seiten, man muß sie nur suchen.*

*Sonnenblumen*

*Vor Gott sind wir alle gleich.*
*Von Parteibüchern und Rassentrennung*
*steht nichts in der Bibel.*

*Wer befehlen will, muß erst lernen*
*zu gehorchen.*

*Es ist ein Zeichen innerer Größe,*
*die Leistungen anderer neidlos*
*anzuerkennen, statt ihnen zu unterstellen,*
*sie hätten ja nur Glück gehabt.*

*Es gibt erstaunliche Menschen: Sie schlagen*
*dir kaltlächelnd unter die Gürtellinie und*
*sind beleidigt, wenn du dich beschwerst.*

*Ein Mensch ist nicht deshalb schlechter,*
*weil er anders ist als wir.*

*Niemand wird dadurch größer,*
*daß er andere erniedrigt.*

*Es ist leichter, Fehler bei anderen zu finden*
*als bei sich selbst.*

*Nicht wie du sprichst ist wichtig,*
*sondern wie du handelst.*

*Fanatismus ist ein Zeichen*
*geistiger Beschränktheit.*

*Old Venezia*

*Pflege die Freundschaft! – Es ist leicht, einen Freund zu verlieren und schwer, ihn zurückzugewinnen.*

*Einen Menschen auf seine Dummheit hinzuweisen, wird ihn nicht heilen, sondern beleidigen.*

*Wer kritisiert, sollte auch selbst Kritik vertragen können.*

*Nicht nur Waffen – auch Worte können verletzen.*

*Faszination*

# Gegen Zugluft bin ich nun mal empfindlich,

andererseits möchte ich beim Schreiben meiner Bücher nicht ersticken.

So reiße ich selbst bei kühlem Wetter die Fenster auf und umhülle mich mit Decke, Schal und Mütze, was meiner Frau kürzlich die vermutlich zutreffende Bemerkung entlockte, ich sähe aus wie Miss Marple.

Ich lachte kräftig, und der Tag war gerettet.

… was man wieder als Indiz dafür ansehen möge, daß mit Humor alles besser geht und fröhliche Menschen mehr vom Leben haben.

*Andere können uns zwar
einen Grund geben, doch ärgern
muß man sich schon selbst.*

*Nicht jeder verträgt zu jeder Zeit
von jedem jede Wahrheit.*

*Was den einen zum Lachen bringt,
bringt den anderen zum Weinen.*

*Anerkennung, Verständnis, Liebe
und Zärtlichkeit lassen sich nicht durch
materielle Geschenke aufwiegen.*

*Lerne früh über dich selbst zu lachen,*
*ehe es später die anderen tun.*

*Ein Feigling ist, wer den Herrn meint*
*und den Knecht schlägt.*

*Wem du etwas wirklich Großes*
*schenken willst, dem schenke deine Zeit.*

*Liebe zu empfangen ist ein Gottesgeschenk -*
*Liebe zu geben ist eine Gnade.*

*Nichts zu schenken ist besser,*
*als Falsches zu schenken.*

*Der Zweifel ist die warnende Stimme*
*des Gewissens.*

*Die Welt ist nicht friedlich,*
*aber wir müssen in ihr leben.*

*Ohne Humor wird das Schlimme*
*noch schlimmer.*

*Es ist ein Zeichen von Klugheit, eine gute*
*Meinung durch eine bessere zu ersetzen.*

Bella Roma

# „Wie der Herr, so's Gescherr“,

sagt man zu Recht, und man hat leider häufig Grund dazu.

Ob im Warenhaus, in der benachbarten Konditorei oder im Restaurant am Kurpark, immer wieder trifft man auf Bedienungspersonal, über das man sich ärgern muß.

Man läßt dich unnötig warten, bedient dich lustlos, unfreundlich und oft überheblich und ist beleidigt, wenn du dich beschwerst.

Die Ursache für solche und ähnliche, leider täglich anzutreffenden Fehlleistungen, kann nicht in der allgemein besungenen Personalknappheit liegen, sondern wohl nur im Persönlichkeitsbild derer, die für den Service verantwortlich zeichnen. Und das sind in letzter Instanz die Inhaber oder Pächter selbst.

Eine gebildete Führungspersönlichkeit setzt alles daran, die Gäste nach besten Kräften zu verwöhnen und überzeugt sich persönlich immer wieder von deren Wohlbefinden. Das Personal wird schon bei der Einstellung nicht nur nach fachlichen Gesichtspunkten ausgesucht und anschließend periodisch in perfekten Umgangsformen geschult.

Das vorstehende Beispiel läßt sich auf alle Branchen übertragen, in denen die Angestellten Kundenkontakt haben, und dazu gehören auch die Behörden.

Im allgemeinen sind es vier Gründe, die zu solch prekären Situationen führen können:
Überheblichkeit (bei uns ist alles richtig – wir sind die Besten),
Mangel an Bildung (man sieht, sucht und findet keine Fehler),
Interesselosigkeit (es wird schon alles in Ordnung sein – ich habe schließlich andere Sorgen)
oder schlichtweg Dummheit, und da erübrigt sich jeder Kommentar.

Ausbildung ist ohne Bildung eben nur eine halbe Sache!

*Eine freundlich angebotene Frikadelle
schmeckt besser als
ein brummig servierter Hummer.*

*Nur wer selbst gelernt hat zu dienen,
weiß, wie es einem Dienenden zumute ist.*

*Gute Vorsätze kann man
nur nüchtern befolgen.*

*Dumme machen stets den gleichen Fehler.*

*Überzeugen ist besser als überreden.*

*Ist es nicht so, daß man dem eine bessere Arbeit zutraut, der auch in seiner Freizeit gepflegt und sauber auftritt?*

*Gewöhnung kann leicht
zu Bequemlichkeit führen.*

*Nicht das, was geschieht,
ist für uns Menschen wichtig, sondern das,
was wir dabei empfinden.*

*Wer Freude gibt,
der wird auch Freude empfangen.*

Der Fiaker

*Es zahlt sich immer aus,*
*etwas höflicher zu sein.*

*Manche scheinbare Niederlage*
*erweist sich nachträglich als Gewinn.*

*Der Staat ist in der hohen Kunst*
*der Zauberei jedem afrikanischen*
*Medizinmann überlegen: Er kann*
*Geld ausgeben, das er gar nicht hat.*
*Ein Unternehmer käme dafür in den Knast.*

*Ein schöner Anzug ist noch kein Zeichen*
*für einen anständigen Charakter.*

*Auszeichnungen, Titel und Positionen lassen manches Bäumchen als Baum erscheinen.*

*„Wenn du mir hilfst, tust du mir*
*einen Gefallen!“ ist weniger überzeugend*
*als „Wenn du mir hilfst,*
*tue ich dir einen Gefallen!“*

*Wer den Standpunkt des anderen nicht kennt, kann leicht an ihm vorbeireden.*

*Schon ein billiger Nagel genügt,*
*um aus einem teuren Reifen*
*die Luft entweichen zu lassen.*

*Herbstfülle*

# Wer den reichen Nachbarn

stets als Maßstab für Glück
und Zufriedenheit ansieht,
der wird es schwer haben,
sein Leben zu genießen.

Statt dessen gilt es, in ehrlicher
Selbsteinschätzung die eigenen
Fähigkeiten, aber auch Grenzen
zu erkennen und anderen nicht
zu neiden, was man selbst nicht
erreichen kann.

Wer sich und sein Leben jedoch
akzeptiert, wem die kleinen Dinge
des Alltags Freude machen,
wer einen deftigen Eintopf,
eine Brotzeit und einen Landwein
oder ein kühles Bier so recht
von Herzen genießen kann,
der braucht weder Kaviar noch
Champagner zum Glücklichsein.

*Nur wer tiefes Leid erfuhr, weiß auch die einfachen Dinge des Lebens zu schätzen.*

*Niemand kann seinem Schicksal ausweichen. Gehst du ihm nicht entgegen, kommt es zu dir.*

*Wer in seinen Ansprüchen bescheiden ist, wird das Erreichte doppelt schätzen.*

*Es ist schade um die, die einen guten Geschmack haben, aber kein Geld. Traurig jedoch ist es um die bestellt, die Geld haben, aber keinen Geschmack.*

*Je auffälliger der Schmuck des Mannes,*
*um so geringer sein Selbstbewußtsein.*

*Wunder gibt es nur wenige. Die meisten*
*haben natürliche Ursachen; man muß*
*ihnen nur auf den Grund gehen.*

*Die Umstände richten sich nicht nach uns;*
*wir müssen uns*
*nach den Umständen richten.*

*Wer den Blick nur in die Ferne richtet,*
*übersieht leicht die Blumen,*
*die zu seinen Füßen wachsen.*

*Beim Heurigen*

*Die Freiheit des einen endet spätestens*
*vor der Haustür des anderen.*

*Je tiefer du gräbst,*
*desto mehr Steine wirst du finden.*

*Da unsere Augen vorne sind,*
*müssen wir öfter den Kopf wenden.*

*Die meisten, die von Freiheit sprechen,*
*meinen die Freiheit für sich selbst.*

*Jeder hat das Recht,*
*einen schlechten Geschmack zu haben.*

*Wer Streit sucht, findet ihn auch.*
*Da hilft nur die Flucht.*

*Kleine Bäume werfen kleine Schatten,*
*große Bäume große Schatten.*

*Die in der Kirche am lautesten beten,*
*sind im Leben oft die ärgsten Sünder.*

*Mein Standpunkt ist nur*
*die eine Seite der Medaille.*

*Was heute noch neu, ist morgen schon alt.*

Musikant und Pinguine

# Wir alle haben Wünsche –

erfüllbare und unerfüllbare. Die haben mit Träumen und Sehnsüchten zu tun und letztere gleichzeitig mit Bescheidung und Verzicht.

Während unserer Kindheit verbanden sich die Wünsche mit besonderen Tagen, an denen man Geschenke bekam. Vor Weihnachten schrieben wir Wunschzettel, aber auch vom Nikolaus und Osterhasen wurde etwas erwartet. Der Geburtstag gehörte natürlich auch dazu, und das ist ja wohl auch heute noch der Fall.

In einem allerdings haben sich die Akzente verschoben: Früher waren für die Erfüllung unserer Wünsche andere zuständig, letztlich wohl die Eltern, während uns heute kaum etwas anderes übrig bleibt, als die Sache selbst in die Hand zu nehmen.

Bisweilen erinnern wir uns der Märchen von der guten Fee, die in scheinbar aussichtslosen Situationen immer noch rechtzeitig erschien und dem jeweils armen Tropf mit schicksalhaften Worten verkündete, er habe drei Wünsche frei. Gerade nach dem letzten Steuerbescheid bleibt uns nur die resignierende Frage, warum uns dieses engelhafte Wesen ein solches Angebot bislang vorenthalten hat.

Nun gibt es ja auch Situationen, in denen Wünsche an uns herangetragen werden, deren Erfüllung nicht ganz einfach, wenn nicht gar unmöglich ist. Da uns jedoch feenhafte Kräfte fehlen, bleibt uns in solchen Fällen nur übrig, das Anliegen abzulehnen. Das aber wird uns um so schwerer fallen, je näher uns der Bittsteller steht So suchen wir nach Ausreden, machen damit aber nur beiden Teilen, also auch uns, das Leben schwer.

Ein klares NEIN, verbunden mit einer verständlichen Begründung, kostet zwar Mut, ist aber die einzige Antwort, die Klarheit schafft.

Statt der sonst bei derartigen Situationen üblichen Leichenbittermiene wird ein freundliches Lächeln die Situation entkrampfen helfen.

Sonderwünsche sind im übrigen Prüfsteine, über die ein routinierter Verkäufer, gleich welcher Branche auch immer, kaum stolpern wird.

So ist man in einem guten Lokal bereit, dem Gast in solchen Fällen weitgehend entgegenzukommen. Und mit dem Rat, man möge von diesem Gericht doch nur eine halbe Portion nehmen, das, es sonst zu viel würde. Und dem Vorschlag: „Dazu bringe ich Ihnen ein paar Böhnchen – die sind erst heute morgen gepflückt worden."

Ein solches Verhalten zeugt von blendender Erziehung, erweckt Vertrauen, ist ein Zeichen von psychologischem Gespür, kaufmännischer Klugheit und zahlt sich aus. Ein in dieser Form verwöhnter Gast ist zufrieden, dankbar und treu. Und er ist der beste Multiplikator.

*Besser als ein guter Rat ist ein gutes Beispiel.*

*Willst du helfen, tue es sofort.*
*Morgen ist es vielleicht schon zu spät.*

*Wer auf Gott vertraut, gewinnt die Kraft,*
*auch an sich selbst zu glauben.*

*Viele halten die Hand auf, doch nur wenige*
*legen etwas hinein.*

*Was für den Magen ein gutes Frühstück,*
*ist für die Seele ein liebes Wort.*

Traum und Wirklichkeit

*Erhalte dir deine Träume.*
*Sie sind gesünder für Leib und Seele*
*als die ständige Jagd nach Erfolg.*

*Ein Kind, dem die Eltern*
*jeden Wunsch erfüllen, wird auch später*
*größere Ansprüche stellen als andere.*

*Es ist leichter, eine falsche Antwort*
*zu geben, als einzugestehen,*
*daß man etwas nicht weiß.*

*Wer sagt: „Wir sind doch Freunde",*
*den frage, was er von dir will.*

W

*Wer sagt, es sei wichtig,*
*den frage: „Für wen?“*

*Es ist besser, EINEM zu helfen,*
*als VIELEN Hilfe zu versprechen.*

*Einen Befehl auszuführen heißt nicht,*
*von seiner Richtigkeit überzeugt zu sein.*

*In der Not zeigt sich der wahre Freund.*

*Wer dich mit kalten Augen lobt,*
*ist nicht dein Freund.*

Drei Freunde

# Mit Behauptungen,

die sich nicht beweisen lassen, kannst du dir leicht Ärger einhandeln.

Geschickter ist es, die Frageform zu wählen. Anstelle „Der Müller ist pleite!“ die harmlose Frage „Hast du auch gehört, der Müller sei pleite?“

Nun – eleganter geht's wirklich nicht.

Du bist deine Meinung los und keinem zu nahe getreten.

Außer du würdest ein hinterhältiges Grinsen nicht unterdrücken können …

*Es ist nicht so, daß einer, der am lautesten spricht, auch am meisten weiß.*

*Ein vielsagender Gesichtsausdruck ist noch kein Zeichen für Intelligenz.*

*Wer selber lügt, mißtraut auch anderen.*

*Je lauter die Musik, desto weniger hört man die falschen Töne.*

*Wer sich oft entschuldigt, hat auch oft Grund dazu.*

*Wer anderen stets die Wahrheit sagt,*
*der wird nicht viele Freunde haben.*

*In der Wüste ist ein Schluck Wasser mehr*
*wert als ein Kilo Gold.*

*Jeder Anfang ist bereits der erste Schritt*
*zu einem Ende.*

*In der Not ist jeder Tag der schlimmste.*

*Auch ein Unmusikalischer kann einen*
*Geigenkasten tragen.*

*Die Jungen von vorgestern sind*
*die Alten von heute. Die Jungen von heute*
*sind die Alten von übermorgen.*

*Leben heißt kämpfen - wobei der Gewinn*
*über sich selbst der wertvollste ist.*

*Was man nicht hat,*
*das möchte man besitzen. Gehört es uns,*
*verliert es oftmals seinen Reiz.*

*Erfahrungen nützen dir nichts,*
*wenn du nicht aus ihnen lernst.*

*New York*

## Wir Menschen geben unermessliche Summen aus,

um ferne Planeten zu erforschen, denn wir sind von Natur aus wißbegierig.

Es interessiert uns, was früher war, was später kommt und natürlich auch, was im Schlafzimmer des Nachbarn vor sich geht.

Auch kritisch ist der Mensch! Mal ist ihm zu warm, mal zu kalt, mal ist die Suppe zu salzig, mal zu laff, mal der Weg zu weit, die Arbeit zu schwer ...

Und – Hand aufs Herz – müßten wir uns bei der Ausübung unseres Berufes so anstrengen, wie wir das beim Sport freiwillig tun, hätten wir längst gekündigt!

Wir finden ständig etwas, womit wir unzufrieden sind: Die Regierung, die jeweils anderen Parteien, die Arbeitgeber, die Gewerkschaften, die Zeiten, die Umstände, das Wetter und vieles mehr. Nur mit uns selbst sind wir zufrieden, denn Fehler machen doch stets nur die „anderen".

In meinen Büchern schildere ich Begebenheiten aus dem täglichen Leben, wobei ich es mir nicht verkneifen konnte, den einen oder die andere aus dem großen Kreis meiner Freunde und Bekannten in für sie typischen Szenen vorzuführen. Das Faszinierende dabei ist, daß sich trotz plastischer Schilderung kaum einer wiedererkannt hat, was den vorgenannten Mangel an Selbstkritik deutlich unter Beweis stellt. –

Wie oft hat da einer eine wirklich tolle Idee. Trotzdem kann er sich damit nicht durchsetzen, weil andere das zu verhindern wissen, die für die Verwirklichung zuständig sind. Gleich aus welchen Gründen auch, und davon gibt es immerhin genügend. Zum Beispiel, weil sie den Sinn der Sache nicht einsehen können. Weil sie nichts von den Dingen verstehen, es aber auch nicht für nötig halten, sich damit zu befassen und ihnen die Phantasie fehlt, sich das Ergebnis vorstellen zu können.

Zu den Verhinderern gehören natürlich auch diejenigen, die dem anderen die gute Idee nicht gönnen und ihm den in Aussicht stehenden Erfolg neiden. Gleich, was auch immer diese Leute dazu treibt, anderen Steine in den Weg zu werfen, es gibt sie leider in allen Branchen und Bereichen. So fordert die Frage, wie denkbar ungeeignete

Personen zu Machtpositionen kommen können, eine ganze Litanei trüber Gedanken heraus. Fest steht jedenfalls, daß das Tragen einer Uniform aus einem „Waschlappen“ noch lange keinen Soldaten macht, daß Erbansprüche nicht mit Befähigung gleichzusetzen sind und daß ein Vereinsvorsitzender nicht deshalb ein guter Manager und Macher ist, weil er ein netter Kerl ist, der sich mit allen Leuten duzt, ab und zu „einen“ ausgibt und, falls es sich um einen Sportverein handelt, selbst ein guter Sportler ist.

Sollte dem einen oder anderen von uns jetzt der Gedanke an eine Selbstanalyse kommen, dann ziehen wir auf der Mitte eines DIN-A4-Blocks einen senkrechten Strich. Schreiben wir links unsere guten und rechts unsere schlechten Seiten auf (oder umgekehrt), so wie wir sie sehen. Aber bitte ehrlich. Wetten – daß uns danach so einiges aufgeht?

*Willst du einen Menschen richtig kennenlernen, dann beobachte nicht nur sein Verhalten Vorgesetzten gegenüber. Wie er seine Untergebenen behandelt, das zeigt sein wahres Gesicht.*

*Wer sagt: „Du mußt mich nehmen, wie ich bin“, ist ein Egoist.*

*Wer nicht weiß, wie etwas enden wird, sollte sich hüten, es zu beginnen, denn unkalkulierbare Risiken lohnen sich nicht.*

*Eine leichte Aufgabe zu lösen ist besser, als bei einer schwierigen zu versagen.*

*Die Jahrmillionenbarke*

*Viele Menschen verbringen
einen großen Teil ihres Lebens damit,
gegen irgend etwas zu protestieren,
während andere Brücken bauen.*

*Das Motiv für viele unserer Handlungen
ist der Wunsch
nach Anerkennung durch andere.*

*Alle wissen, was sie nicht wollen –
wer aber weiß, was er will?*

*Was einer nicht tut, ist für seine Beurteilung
ebenso wichtig wie das, was er tut.*

*EIN Feind kann dir mehr schaden,*
*als dir ZEHN Freunde nützen können.*

*In manchem starken Körper wohnt oft*
*nur ein schwacher Geist.*

*Das Auto ist für viele eine Möglichkeit,*
*fehlendes Selbstbewußtsein*
*durch PS zu kompensieren.*

*Die „gute alte Zeit" hat es nie gegeben;*
*nachfolgende Generationen*
*empfinden sie nur so.*

*Schmiede ein Schwert - und du bist ein Schmied. Trage es - und du bist ein Ritter.*

*Wer der Mauer zu nah kommt, sieht den Staub in ihren Fugen.*

*Besser man fällt überhaupt nicht auf, als unangenehm.*

*Das Verhalten meines Gegenübers ist oft der Spiegel meines eigenen Benehmens.*

*Es gibt Freundschaft ohne Liebe, doch keine Liebe ohne Freundschaft.*

*Traube*

## Wer sicher ist, dass ihm etwas nicht schmecken wird,

ohne es jemals vorher probiert zu haben, demonstriert damit das klassische Vorurteil.

Auch ich ertappe mich bisweilen bei einer vorschnellen und ungeprüften Meinung, wenn ich beispielsweise einem Menschen begegne, der mir auf Anhieb unsympathisch ist.

Da ich mir aber darüber klar bin, daß es sich hierbei erst einmal um ein Vorurteil handelt, entscheide ich mich für eine der folgenden Möglichkeiten:

Liegt ein Grund vor, die betreffende Person näher kennenzulernen, suche ich deren positive Seiten. In vielen Fällen stellt sich dann heraus, daß der Typ doch gar nicht so übel ist. Voraussetzung allerdings ist mein positives Entgegenkommen.

Im zweiten Falle habe ich ja die Möglichkeit, dem Besagten aus dem Weg zu gehen.

So behalte ich mein Vorurteil und ärgere mich auch weiterhin vergnüglich, wenn ich ihm begegne.

*Frage andere, was du gegen deine Krankheit tun sollst. Alle werden dir „bessere" Ratschläge geben als dein Hausarzt.*

*Heiratsschwindler sind deshalb so erfolgreich, weil sie nicht aussehen wie Heiratsschwindler.*

*Wer trinken will findet dafür immer einen Grund.*

*Die Tatsache, sich bei der Arbeit zu beschmutzen, benutzen manche als Ausrede, den ganzen Tag unsauber herumzulaufen.*

*Ständiger Erfolg trübt den Blick.*

*Willst du empfinden, was du siehst,*
*laß deine Seele durch die Augen schauen.*

*Vielleicht bin ich unvernünftig,*
*aber es macht Spaß.*

*Das Beste ist, etwas Schlechtes nicht zu tun.*

*Man kann niemanden ändern,*
*außer sich selbst.*

*Die meisten, die von Freiheit sprechen,*
*meinen die Freiheit für sich selbst.*

*Zurückschlagen ist keine Aktion,*
*sondern eine Reaktion.*

*Wer andere täuscht ist unehrenhaft –*
*wer sich selbst täuscht ist dumm.*

*Je schwerer du bist, desto sanfter*
*solltest du auftreten.*

*Zufriedenheit ist der Boden,*
*auf dem das Glück gedeiht.*

*Mohngebet*

# Das Fernsehfieber ist eine Krankheit,

gegen die bislang noch kein Medikament erfunden wurde.
Und da sich schon bei der Programmwahl die Geister scheiden, ist den Glücklichen zu gratulieren, die im eigenen Zimmer ihre Wunschsendung genießen können. Das Familienleben bleibt da allerdings schon mal auf der Strecke.

So wird mancher Ältere wehmütig an die Zeiten denken, als das Abendbrot noch gemeinsam verzehrt wurde und man sich anschließend mit Unterhaltung, Lesen, Musizieren, Basteln und Spiel die Zeit vertrieb. Viel früher, vor der Erfindung des elektrischen Lichtes, war der Kamin Heizung und Lichtquelle gleichermaßen.
Da versammelte sich die ganze Familie bei Einbruch der Dunkelheit, und die Jungen lauschten den Erzählungen der Alten.

Das ist heute alles viel einfacher. Da läuft in manchen Familien der Apparat von morgens bis in die Nacht. Eigene Aktivitäten sind nicht mehr vonnöten, und nebenbei erfährt man auch noch, was man zu denken hat.

Bei den überwiegend privaten Sendeanstalten rangiert der Kommerz spürbar vor der ethischen Verpflichtung. Damit die Kassen stimmen, werden große Mengen amerikanischer Familien- und Krimiserien eingekauft, und das Niveau sinkt ständig. Brutalität und Sex beherrschen den Bildschirm.

Sogar der Humor ist lauter, frecher, anzüglicher, grimmiger und rücksichtsloser geworden, und man denkt traurig zurück an Moser, Lingen und Rühmann.

Hat man aber einmal die Chance, einen wirklich interessanten und wertvollen Film sehen zu können, verderben uns die Zwangspausen, in denen uns die Privaten mit Werbung berieseln, gründlich die Stimmung. 4 Unterbrechungen von jeweils 5 Minuten verlängern einen Film von 90 auf 110 Minuten!

Das kommt, bei allem Verständnis für die durch Werbesendungen eingehenden und sicher auch notwendigen Finanzen, einer Nötigung gleich.

Stünde in den Fernsehprogrammen hinter den Titeln der Vermerk: „4mal unterbrochen durch jeweils 5minütige Werbung", könnte man sich rechtzeitig für einen entspannenden Saunagang entscheiden.

Eine gute Seite allerdings kann ich dem abendlichen Fernsehen nicht absprechen: Wenn ich mich genug geärgert habe, fallen mir regelmäßig die Augen zu, und ich schlafe tief und friedlich ein.

*Sieh dich vor! Nicht jeder, der dich einseift,*
*um dir anschließend*
*den Bart abzumachen, ist ein Friseur.*

*Lieber in einer Hütte mit guten Freunden*
*als allein in einem Schloß.*

*Wer keine Ansprüche an sich selbst stellt,*
*der sollte auch von anderen nichts erwarten.*

*Ein Storch auf dem Dach ist besser*
*als ein Frosch im Hals.*

*Wohl dem, der warten kann.*
*Manches erledigt sich über Nacht.*

*Es ist immer besser zu können*
*und nicht zu wollen, als zu wollen,*
*aber nicht zu können.*

*Warum mit dem Kopf durch die Wand,*
*wenn's durch die Tür einfacher ist?*

*Mancher weiß erst, was er gesucht hat,*
*wenn er es findet.*

*Bon voyage*

# Nicht nur die alte Volksweisheit,

daß viele Köche den Brei verderben und die Liebe durch den Magen gehe, weist unüberhörbar darauf hin, daß Essen und Trinken weit mehr ist als ein schlichter Ernährungsprozeß.

Wer das nicht so sieht, ist schon ein armer Tropf!

Glücklich und zu beneiden aber alle, die so recht nach Herzenslust schwelgen und genießen können – und sei es bei einer gußeisernen Pfanne mit Röstkartoffeln, mit Gartenkräutern zur erlesenen Delikatesse geadelt.

Warum suchen wir nur immer etwas, worüber wir uns ärgern müssen?

Das Leben könnte doch sehr viel schöner sein …

*Genüßlich essen und trinken*
*füllt nicht nur den Magen,*
*sondern ist auch Balsam für die Seele.*

*Je umfangreicher die Speisekarte,*
*desto größer die Tiefkühltruhe.*

*Auch ein klangvoller Name*
*macht aus einem Schnitzel kein Steak.*

*Zeige mir, wie du ißt,*
*und ich sage dir, wer du bist.*

*Gut essen ist leichter als gut kochen.*

*Die weiße Mütze allein*
*macht noch keinen Koch.*

*EIN schlechtes Gewürz kann einer Speise*
*mehr schaden, als ihr ZEHN gute nützen.*

*Eine glänzende Verpackung ersetzt nicht*
*den matten Inhalt, eine „gute Küche“ nicht*
*den schlechten Koch.*

*Was in kleinen Mengen heilt,*
*kann in großen Mengen töten.*

*Der Koch sollte nicht übersehen, daß selbst die interessantesten Gerichte unter anderem auch dazu dienen, den Hunger zu stillen.*

*Die Kenntnis der Gewürze und Kräuter garantiert nicht deren richtige Verwendung.*

*Der Querulant verbrennt sich lieber an der heißen Suppe, statt zu warten, bis sie kühler ist.*

*Fresser werden nicht geboren, sondern erzogen. Die Aufforderung, immer den Teller leer zu essen, hat schon aus manchem Kind einen Pummel gemacht.*

*Wenn der Bauch leer ist,*
*kann das Herz nicht lachen.*

*Der Finger des Kellners in der Suppe*
*ist ein sicheres Zeichen dafür,*
*daß diese nicht mehr heiß genug ist.*

*Wem das Essen heute zu salzig und morgen*
*zu laff ist, der sollte selber Koch werden.*

*Von dem, was du ißt, braucht dein Körper*
*nur wenig. Das meiste ist für den Arzt.*

*Tanzendes Liebespaar*

*Wer sich nicht entschließen kann,*
*muß essen, was übrigbleibt.*

*Ein schlechter Wein*
*wird auch durch langes Lagern nicht besser.*

*Wer den Wein nur nach „süß“ und „sauer“*
*unterscheiden kann,*
*der sollte lieber Bier trinken.*

*Was für die Frau der Nerz*
*ist für den Mann der Erfolg.*

*Schlechte Nachrichten
verkaufen sich besser als gute.*

*Wer nichts tut, kann nichts verändern.*

*Grüße den, der unter dir steht,
freundlich und aufmerksam.
Morgen schon könnte er über dir stehen.*

*Es ist leicht etwas zu beginnen,
doch oftmals schwer es zu vollenden.*

Garten Eden

# Unser Leben ist vergleichbar mit einem Theater.

Wir alle haben dort unseren Platz:
Sei es auf der Bühne in einer Haupt- oder Nebenrolle,
vielleicht aber auch nur als Statist,
als Bühnenbildner, der das Umfeld gestaltet, in dem die anderen auftreten,
als Regisseur, der den Ton angibt und nach dessen Pfeife getanzt wird,
als Komponist, der die Begleitmusik schreibt
oder als Zuschauer, der das Geschehen nur passiv zur Kenntnis nimmt
und applaudiert oder pfeift, je nach Stimmung und Geschmack, ohne
jedoch Einfluß auf die Handlung nehmen zu können oder zu wollen.

Nicht immer liegt es nur an uns selbst, welche Position
wir in diesem Lebenstheater einnehmen. Oftmals entdecken wir uns
auch darin, ohne so recht zu wissen, warum und wie wir ausgerechnet
zu dieser Rolle gekommen sind.

Doch gleich wie du lebst und was du tust – zu Hause, beim Sport,
bei der Arbeit oder im Urlaub – Grund, dich zu ärgern, kannst du,
wenn du willst, überall finden.

Aber auch Grund zur Freude. Du mußt nur wollen!
Drum

## Mach's dir nicht so schwer – geniesse dein Leben.

# Der Autor

Rolf Hasenclever, geboren in Lüdenscheid, gelernter Werkzeugmacher und Diplom-Ingenieur. Er ist Honorarkonsul der Republik Österreich, Träger des Großkreuzes des St.-Gregorius-Ordens, Ehrensenator der Päpstlichen Salesianer-Universität Rom, Ehrensenator der Technischen Universität Wien, Ehrenpräsident der Europäischen Metall-Union sowie des Bundesverbandes Metall und Vorsitzender des Verwaltungsrates der HASCO Normalien-Werke. Rolf Hasenclever wurde für wirtschafts- und verbandspolitische sowie sozial-karitative Leistungen international hoch dekoriert. Für seine außerordentlichen Verdienste um die christliche Soziallehre verlieh ihm die päpstliche Salesianer-Universität Rom die Würde eines Dr. honoris causa der Erziehungswissenschaften.

Von Hasenclever sind erschienen:

ERFOLG SO NEBENBEI
Rezepte für den Umgang mit Menschen

MIT DEM ERFOLG PER DU
Ratschläge für den Weg nach oben

ERFOLG KANN MAN LERNEN
Ratgeber für alle, die was werden wollen

LEITSPRÜCHE
Aus dem Leben für das Leben

Die in diesem Buch vorgestellten „Geflügelten Worte“ stellen eine erweiterte Neuauflage der „Leitsprüche“ dar.
Sie sind im übrigen keine Zitatensammlung, sondern entstammen ausschließlich Hasenclevers eigener Feder.

# Die Künstlerin

Sieglinde Layr, geboren auf Gut Kyrnberg bei Pyhra in Niederösterreich, malt bereits seit dem sechsten Lebensjahr. Geprägt hat sie eine glückliche Kindheit, verbunden mit dem intensiven Erleben der Natur daheim und auf Reisen, vor allem in Frankreich, Italien und Griechenland.

In ihrer neuen Wahlheimat Gars am Kamp (Waldviertel), nahe Krems an der Donau, wirkt sie seit 1976 als freischaffende Künstlerin.

Sieglinde Layr gilt als kreativste Aquarellistin Österreichs. Eine Vielzahl von Ausstellungen im In- und Ausland, die Herausgabe von Büchern und Bänden mit Illustrationen haben ihren Namen zu einem Begriff werden lassen.

Die mehrfache Preisträgerin erregte international Aufsehen, als sie ein Altarbild zugunsten der Aktion „Kinder dieser Welt" versteigerte. Hierfür ehrte sie UNO-Generalsekretär Boutros-Ghali.

Den Schwerpunkt ihres Schaffens findet Sieglinde Layr im unerschöpflichen Thema „Mensch und Natur". Beglückend dabei die Lebensphilosophie der Künstlerin, die sich vornehmlich mit Meditation, Tanz, Musik und immer wieder mit der Natur beschäftigt: „Sich mindestens zehnmal am Tag über irgend etwas freuen."